AF227175

RÉPUBLIQUE

OU

MONARCHIE

RÉPUBLIQUE

OU

MONARCHIE

PAR

H. BELLAMY

—

PRIX : **50** CENTIMES

—

ANGOULÊME

IMPRIMERIE DE T. MAIGNANT

Rue de Genève, 23.

—

1871

RÉPUBLIQUE

OU

MONARCHIE

Telle est la question qui se pose dans les esprits, en attendant qu'elle se pose dans les faits.

Il nous paraît opportun de la discuter ici dans toute l'indépendance de nos appréciations, et aussi avec la modération dont il est aisé de ne pas se départir quand, s'élevant à la hauteur des principes et s'interdisant le terrain des personnalités, les discussions de l'ordre politique ne tendent qu'à élargir l'horizon des idées et qu'à mettre en lumière la vérité des assertions.

Assurément, nous avons le sentiment de notre insuffisance à l'égard de la tâche que nous osons nous donner ; mais cette considération ne saurait pourtant arrêter l'élan de notre plume, ni refroidir l'ardeur de notre zèle. Il est bon, dans les jours douloureux que nous traversons, que chacun vienne dire sa pensée tout entière et apporte ainsi à l'œuvre du relèvement de la France le bénéfice de sa sincérité, en même temps que l'effort de son patriotisme ; il y a là comme une sorte de liquidation des consciences politiques, qui a, au moins, l'avantage de révéler au pays l'actif moral de ce qui lui reste.

Il y a six mois environ, la République a fait, en France, sa troisième apparition, à la suite du désastre de Sedan. Certes, le moment était peu opportun, et les partisans éclairés de la forme républicaine auraient souhaité, à sa nouvelle apparition, une autre heure et d'autres circonstances.

Depuis lors, le parti républicain, arrivé au pouvoir, a essayé de sauver la France de l'étreinte allemande, et il a su, au moins, accomplir des merveilles d'activité ; nous croyons qu'à cet égard l'histoire lui rendra justice. En tout cas, il a sauvé l'honneur du pays.

Et maintenant, la paix une fois faite sur les bases que chacun pressent, hélas ! la République pourra-t-elle se maintenir, ou, au contraire, victime de son insuccès militaire, tombera-t-elle sous le poids du traité qui se prépare ? Et, dans cette dernière hypothèse, la réaction se mettra-t-elle prochainement en quête d'un prétendant au trône, ou bien, rendue plus circonspecte par la pluralité des compétiteurs, ajournera-t-elle ses projets de restauration au jour où le vœu plus marqué du pays et l'ardeur d'un compétiteur plus autorisé que les autres lui désigneront la solution à adopter de préférence ?

Recueillons-nous quelques instants pour examiner rapidement ces graves questions.

Quant à nous, hâtons-nous de le dire, nous sommes de ceux qui croient que ce serait un malheur pour la France de répudier de nouveau et à la légère la forme républicaine avant d'en avoir fait un nouvel essai, cette fois-ci suffisamment prolongé, confié à des mains amies, et dans les conditions voulues pour que l'expérience tentée sérieusement puisse aboutir.

Nous demeurons persuadé que si un relèvement matériel et de l'ordre militaire est de longtemps impossible à la France, le principe républicain, à la fois sagement et résolûment appliqué assurerait au pays, dans un avenir plus rapproché qu'on ne croît, un relèvement moral et politique qui serait en même temps une rénovation sociale.

Et qu'on le remarque bien, ce n'est pas le sentiment farouche du fanatisme sectaire, ni même l'enthousiasme généreux de la forme républicaine qui nous fait tenir ce langage, mais bien une persuasion intime aussi calme que réfléchie.

Aussi, sous l'empire de cette conviction, verrions-nous avec douleur le pays s'aventurer dans les excès de la réaction et confier ses destinées a des hommes qui ne pourraient que l'égarer hors des voies où nous voudrions au contraire qu'il s'engageât de plus en plus ; et nous déplorons que toute la politique de ses meneurs subalternes se réduise à la haine de la République et à l'effroi sincère ou simulé des dangers qu'elle entraînerait.

C'est en ce sens que le parti conservateur nous paraît avoir accumulé, depuis bien des années, fautes sur fautes et n'avoir cessé de compromettre l'avenir. Or, en politique comme en tout autre ordre de choses, la peur est une détestable conseillère, et il y a toujours lieu de se défier de ses inspirations aussi peu clairvoyantes que peu mesurées. Outre qu'elle crée des fantômes avec une regrettable facilité, elle ôte trop la possession de soi-même pour laisser à l'esprit qu'elle obsède la liberté et la sûreté des appréciations.

Telle est pourtant l'histoire des conservateurs

depuis vingt ans. Esquissons cette histoire en traits rapides.

Affolée d'épouvante en 1848, l'immense majorité des citoyens français refuse ses suffrages au général Cavaignac et préfère les donner au prince Louis Bonaparte.

Qu'était alors Louis Bonaparte, à en juger par son passé ? Il faut bien dire le mot : ce n'était qu'un aventurier, qui, conspirateur par deux fois à Boulogne et à Strasbourg, avait commencé par être carbonaro en Italie. N'importe. Le parti conservateur crut avoir trouvé son homme. Le choix était étrange et la personnalité, appréciée sur les allures de sa vie privée, représentait assez mal l'esprit du conservatisme.

Un parti mieux avisé se fut demandé si le neveu, copiste inévitable de l'oncle, au génie près, et ne pouvant que s'inspirer des traditions ambitieuses de la famille, présentait les garanties nécessaires pour qu'on put lui abandonner les destinées de la France. Malheureusement les effarements de la peur ne permettent pas tant de prudence, ni tant de circonspection.

Mais passons..... l'empire se prépare à l'aide d'une de ces entreprises et d'un de ces attentats qui ne peuvent jamais qu'apporter la démoralisation aux peuples appelés a les ratifier, et qui, en tout cas, n'impriment pas dans les consciences le respect des gouvernants qui en tirent profit.

La France se prosterne aux pieds de l'homme de décembre. Elle l'acclame comme un sauveur. Elle lui donne un blanc-seing dont il se hâte de faire usage. L'empire ne tarde pas a se constituer ; un gouvernement personnel s'installe, effréné, avec toutes les hypocrisies du prétendu respect des droits de la nation ; il met au frontispice de sa constitution l'étiquette impudente des principes de 89, et le suffrage universel, habilement consulté, jette son manteau d'apparat sur cette œuvre..... pourquoi ne le dirions-nous pas..... de ténèbres et de mensonge.

Les premières années, la comédie se joue avec quelque réussite. L'expédition de Crimée apporte un certain éclat aux débuts de la politique napoléonienne. A ce moment, nous dit-on, la France est prépondérante en Europe et elle s'est relevée de la platitude ultra-pacifique du règne de Louis-Philippe ; aussi les conservateurs, rassurés et émerveillés, d'applaudir et de se féliciter.

Mais hélas !.. le gouvernement personnel ne tardera pas à porter ses fruits, ceux qu'il porte infailliblement. La guerre d'Italie éclate comme un coup de foudre. Au point de vue des intérêts généraux du libéralisme européen, ce peut être un bien ; au point de vue national, c'est une faute énorme et la France ne peut qu'en souffrir.

Il y a d'ailleurs inconséquence à soutenir à Rome le temporel qui s'écroule et à provoquer l'unification de l'Italie; car l'Italie unifiée sera forcément hostile au temporel.

Est-ce de l'imprévoyance? Est-ce de la perfidie? Nous ne savons. Il est vrai que Louis-Napoléon n'a pas à se piquer de logique, ni à prétendre à l'esprit de suite. Il va à l'aventure, de boutade en boutade, plus sensible à la mise en scène qu'au fond des choses, et en politique comme en finances, il s'est réservé le droit au virement.

Et puis en poussant l'Italie à s'unifier, outre que nous amoindrissions la sûreté de notre frontière, nous donnions à l'Allemagne un funeste exemple et nous semions ainsi dès lors ce que nous avons récolté depuis.

Bientôt après, l'empereur conçoit ou adopte la pensée d'une expédition au Mexique; il l'exécute au gré des courtisans de son entourage immédiat. Il ne l'arrête pas au littoral; il la lance imprudemment dans l'intérieur du pays. A ce moment, l'Angleterre et l'Espagne, associées jusque-là à l'entreprise, se retirent mieux avisées, et lord Palmerston nous souhaite malicieusement..... une bonne chance.

On sait ce qui advint : l'insuccès fut complet; il nous coûta des sacrifices de tout genre en même temps que d'amères humiliations, et il nous laissa épuisés pour le jour où nous aurions eu besoin d'être prêts sur le Rhin.

Mais le but était grand, a-t-on dit. Oui, si la grandeur véritable est dans le degré gigantesque de la folie de la conception. Le Mexique devait nous enrichir...., après avoir enrichi les familiers de la cour, et le relèvement de la race latine devait arrêter l'expansion des États-Unis.

Et pendant deux ans, des hommes senses ou qu'on devait croire tels, siégeant au Corps législatif, n'eurent que des votes d'approbation, Silence sur ces hommes, mais quels droits n'auraient-ils pas à rester désormais à l'écart ?

Durant ce temps-là, l'Allemagne, nous voyant occupés au dehors, se réveillait, se préparait secrètement, et bientôt, après avoir essayé ses forces et tâté l'Europe en arrachant le Sleswig au Danemark, elle s'alliait sourdement à l'Italie et écrasait l'Autriche à Sadowa.

Il est vrai qu'elle y avait été provoquée par le gouvernement personnel de la France, qui lui disait naïvement : « Vos frontières sont mal délimitées, » en d'autres termes, arrondissez-vous.

Il est vrai qu'en donnant ainsi carte blanche à la Prusse, on espérait être autorisé à s'arrondir soi-même. Ici apparaît la préoccupation funeste qui, du premier au dernier jour, a été l'hôte incessant de la pensée impériale et fut, sans doute, l'unique point de repère de cette politique à lignes brisées, pensée que les familiers trahis-saient lorsque, dans leur connivence soudoyée, ils ne cessaient de réclamer la frontière du Rhin.

Aussi demeure-t-on confondu quand on se rappelle qu'en dépit des angoisses révélées par M. Rouher dans une lueur de sincérité, la plupart des impérialistes et certains journaux opposants, ou suspects ou peu clairvoyants, se sont obstinés à ne pas donner à Sadowa le sens fatal qu'il avait pour la France. Hélas ! quand le vertige de la folie s'est emparé des hommes qui sont au faîte du pouvoir, le mal devient contagieux, et il conduit aux abîmes les gouvernants et leurs approbateurs par une succession de fautes qui s'aggravent en s'enchaînant.

De là, la dernière guerre, guerre inévitable dans un temps donné, grâce aux provocations et aux imprévoyances de la politique impériale, en tout cas follement déclarée, et sans souci préalable des ressources accumulées par l'ennemi.

De là tous nos désastres et toutes les horreurs de la situation actuelle.

C'est aux conservateurs de bonne foi à s'avouer aujourd'hui qu'ils firent fausse route jadis en liant les destinées de la France à la politique fantaisiste de Napoléon III, et à reconnaître que le gouvernement personnel constitue pour un peuple un danger plus redoutable encore que le danger éventuel des révolutions.

Assurément, le spectre rouge n'est pas une pure illusion de la peur : il y a dans toute société des éléments mauvais qui, aux jours d'agitation, cherchent à monter à la surface. Il y a aussi un parti extrême dont les visées ne tendent pas à moins qu'à bouleverser les bases de la société. Nous n'en disconvenons pas ; mais nous croyons que les projets absurdes de quelques anarchistes et les rêves insensés de quelques niveleurs ne pourront jamais que heurter leur impuissance au bon sens pratique des masses, au morcellement de la propriété et à la coalition formidable des intérêts menacés.

Il faut l'avouer, du reste, le problème social n'a pas encore reçu sur tous les points sa solution absolument définitive, et bien des questions qui semblent tranchées devront être remises plus tard à l'étude, sauf à ne procéder sur le terrain délicat de l'application qu'avec une extrême circonspection, si, du moins, l'on ne veut pas se créer des résistances insurmontables.

Cela dit, il n'en est pas moins vrai que le parti conservateur a par trop abusé du spectre rouge, et qu'il a eu le tort d'en faire une sorte d'épouvantail, qui effraie les timides, dont l'imagination est sans cesse hantée par les souvenirs de 93, et les crédules, qui se croient toujours à la veille de quelque loi agraire. On affolle ainsi les masses conservatrices et on les jette dans les voies d'une réaction inconsidérée, laquelle constitue, nous le répétons, un péril plus redoutable que celui auquel on prétend échapper.

C'est ainsi que vers 1849, dans l'opinion du conservatisme le salut social dépendait de l'existence ultérieure de ce qu'on appelait un gouvernement fort. C'était là, disait-on, le seul moyen de fermer l'ère des révolutions, et on se tournait alors vers l'aventurier de Boulogne et de Strasbourg pour le supplier d'être le sauveur du pays.

Eh bien ! nous l'avons eu ce gouvernement fort ; il a duré vingt ans : l'expérience est faite et plus que suffisante. De quoi nous a-t-il sauvés? Quelles passions a-t-il fait taire ? Quels abîmes a-t-il comblés? Quelles théories sociales a-t-il désarmées? Quels malheurs a-t-il prévenus ?

Encore si la terrible leçon profitait; mais, nous n'osons pas l'espérer.

Pour l'honneur du pays nous aimons à croire que ceux qui, par intérêt personnel ou par idolâtrie des Napoléon, rêvent une nouvelle restauration bonapartiste ne constituent plus et ne constitueront jamais qu'un informe débris de l'écroulement de septembre dernier, débris destiné à disparaître peu à peu dans l'oubli et le mépris général. Il nous semble, en effet, que les faits et gestes du dernier règne et les immenses désastres qui en ont été la suite doivent suffire pour mettre un terme au fétichisme des Bonaparte et pour faire justice définitive de cette race aventurière et fatale.

Mais si le retour de la dynastie impériale est heureusement peu à craindre, il y a d'autres prétendants avec lesquels la République a plus sérieusement à compter.

Depuis 1830 la légitimité attend son jour et son heure. Nous rendons au parti légitimiste la justice qui lui est due ; nous respectons sa foi ; nous honorons sa fidélité ; nous reconnaissons qu'en ces derniers temps il a, sur nos champs de bataille, noblement versé son sang, en dépit de l'action dissolvante d'une portion de son journalisme ; mais nous croyons que depuis quarante ans chaque jour écoulé a creusé plus large et plus profond le fossé désormais infranchissable qui sépare la France des principes, des idées et des affections se rattachant à la branche aînée des Bourbons.

Il y a enfin les Orléanistes qui aspirent eux aussi à la restauration qui leur serait chère. Nous reconnaissons que l'Orléanisme est chez beaucoup à l'état conscient ou à l'état latent : il est une sorte de *mezzo-termine* politique, qui, à la fois bourgeois, pacifique et modéré, répond assez bien à la résultante des esprits dans une forte portion de la bourgeoisie.

Mais pourtant l'orléanisme, depuis 1848, n'a jamais constitué un parti politique à proprement parler ; il n'a pas d'hommes d'action, ou en a très peu, et il n'a guère de dévouements et de fidélités chevaleresques. Il n'est assis d'ailleurs sur aucun principe nettement défini et à base solide. Il n'a été historiquement qu'une simple transaction plus ou moins révolutionnaire, et ne serait en soi qu'un acheminement au retour définitif à une forme plus logique. Enfin sa réintégration au pouvoir lui susciterait immédiatement une trinité d'adversaires devant la coalition desquels il n'aurait sans doute que peu de chance de durée.

Le bilan des partis monarchiques en France se résume donc ainsi : les masses rurales avec ce qui leur reste encore d'idolâtrie napoléonienne, l'aristocratie nobiliaire avec sa foi de plus en plus distancée, enfin la bourgeoisie, avec ses affinités orléanistes, réelles quoique peu actives. mais servies par les circonstances.

En regard de ces trois catégories de l'idée monarchique, il y a le parti républicain

ll'est relativement peu nombreux, nous dit-on.
Mais il est jeune, ardent, plein de vitalité ; il
abonde en personnalités marquantes ; il se croit
les promesses de l'avenir et tient en main pour
les jours de paix un programme où sont enregis-
trées de grandes réformes, urgentes à accomplir,
capitales d'importance et d'où peut sortir la rénovation de la France.

Arrivé au pouvoir, il y a six mois, par la fatalité
des événements beaucoup plus que par son propre
désir, il a, en définitive, relevé la France, sinon,
hélas ! au point de vue militaire, au moins au
point de vue de l'honneur national. Suspect
naturellement aux têtes couronnées d'Europe, il
a commencé à nous gagner la sympathie des
peuples, qu'une guerre follement entreprise nous
avait aliénée et qui nous reviendra de plus en
plus.

Eh bien ! si telle est la situation respective des
partis politiques en France, nous trouvons là un
un argument considérable en faveur du maintien
de la République, et la restauration orléaniste, la
seule possible, après tout, et la plus acceptable, à
coup sûr, nous apparaît dans des conditions telles
qu'elle ne pourrait que nous replonger dans tous
les embarras et toutes les impasses du règne de
Louis-Philippe, en même temps qu'elle nous

exposerait aux mêmes déceptions.

Mais, répond-on, la France n'est pas républicaine : son passé, ses mœurs, son caractère, sa religion même le disent assez haut. Le suffrage universel est donc en droit de défaire à la première occasion l'œuvre téméraire des envahisseurs du Corps législatif.

Nous ne le nions pas ; l'éducation politique du pays n'est point, tant s'en faut, à la hauteur de l'institution républicaine et les aberrations de ce même suffrage universel, venu prématurément, ne laissent aucun doute à cet égard. Toutefois, l'essai sérieux de la République aiderait considérablement à cette éducation, et engagerait la France dans une voie féconde et salutaire, où, tôt ou tard, les autres nations viendraient successivement la rejoindre.

En effet quand l'idée républicaine s'est fait jour chez un peuple, elle y demeure d'ordinaire indestructible. Représentée à l'origine par une minorité imperceptible, parfois turbulente, elle se recrute peu à peu d'esprits droits et calmes qui viennent à elle en vertu de l'attraction qui lui est propre, et elle ne cesse de fermenter dans les masses que le jour où, son levain en ayant pénétré les couches diverses, le triomphe est assuré.

Elle a, du reste, une aptitude incomparable à utiliser les forces vives d'une nation et à faire monter à la surface, pour le profit de tous, les éléments intellectuels et moraux d'où qu'ils viennent.

Il est, enfin, une considération toute de circonstance, il est vrai, mais qui nous semble devoir être décisive.

Nous l'avons dit déjà : Nous craignons que de longtemps la France ne puisse se relever militairement, et nous sommes convaincu, que seule la République est en mesure de lui assurer le relèvement moral et politique dont elle a surtout besoin, lequel nous apparaît comme l'unique compensation dès à présent réalisable de nos désastres et de nos malheurs. Que si la France se borne à demander son salut aux expédients de la thérapeutique vulgaire, nous doutons fort qu'elle revive jamais telle que nous l'avons connue ; car la monarchie la plus sage, tout en pansant paternellement ses plaies, ne lui infusera jamais le sang riche et généreux que le principe républicain essentiellement reconstituant ne tarderait pas à lui valoir.

A la condition pourtant que, ne dégénérant pas en un compromis hybride auquel il ne manquerait que le mannequin royal, la République entre résolument dans la voie des réformes.

Nous n'avons pas à énoncer ici la série de ces réformes, la plupart urgentes à opérer. Bornons-

nous à en indiquer deux d'une importance extrême : application immédiate des principes de
gratuité et d'obligation à l'instruction primaire,
et suppression graduelle du budget des cultes.
Cette dernière mesure, réclamée dequis longtemps
par d'excellents esprits, produirait très certaine-
ment des résultats politiques considérables et des
meilleurs.

Il nous resterait encore à examiner le point de
vue religieux ; car toute question philosophique
ou sociale, ouvre par certains côtés sur le terrain
religieux ; mais on comprend qu'à cet égard notre
réserve ne peut être que très grande.

Il nous est pourtant impossible de ne pas
rappeler ici, en peu de mots, une des vues les
plus judicieuses d'un écrivain qui a maintes fois
fait preuve d'un remarquable don d'intuition
philosophique.

Edgar Quinet fait cette observation qu'il est
essentiel pour tout peuple qui tend à la liberté
que le courant religieux auquel il obéit aille dans
le sens du courant politique qui l'entraîne. Au
cas contraire, si l'un de ces courants remonte à
l'autorité tandis que l'autre mène à la liberté, le
peuple ainsi tiraillé en sens opposés, risque de
consumer ses forces en révolutions et en réactions
alternatives, également stériles, et a toutes chan-

ces, devenant ainsi plus révolutionnaire que réformiste, de ne progresser que lentement.

Nous croyons cette vue de Quinet suffisamment justifiée par l'histoire, et tout particulièrement par les événements accomplis depuis dix ans.

En tout cas, nous reprochons au parti républicain de ne pas assez comprendre l'importance sociale de la question religieuse et de ne pas se rendre un compte exact de son affinité avec la question politique.

Il nous paraît qu'il y a une grande « superficialité » de jugement à croire que l'une peut se désintéresser de l'autre et à ne pas apercevoir leur connexité immédiate ou lointaine, selon le cas. C'est une erreur, en effet, de cette partie de la démocratie qui arbore le drapeau de la libre pensée de s'imaginer que le libre penseur échappe absolument aux influences de la doctrine religieuse qui a guidé ses premiers pas et qui a présidé à l'essor de sa vie intellectuelle. On sait l'importance prédominante de la méthode instinctive dans la vie politique. Eh bien ! il est très rare, qu'appelé plus tard à modifier celle qu'on emprunte aux traditions de sa jeunesse, on réussisse à la dépouiller entièrement des procédés qui la caractérisent.

Mais arrêtons-nous ici ; car nous ne tenions qu'à indiquer ce point de vue de la question. Et maintenant terminons par un vœu :

En un jour de défaillance, la France, oubliant son passé, s'était couchée servilement aux pieds d'un César d'aventure. Depuis, l'homme de décembre l'avait assouplie à ses caprices et l'avait domptée en donnant satisfaction à ses convoitises matérielles et en évoquant sans cesse à l'horizon le spectre de la révolution.

Il y a huit mois, follement entraînée en une guerre désastreuse par le maître qu'elle s'était donné et bientôt écrasée en diverses rencontres, elle fut, peu à près, livrée et vendue par lui sous les murs de Sedan, au César naissant d'Allemagne.

Mais à ce moment s'étant relevée libre, elle essaya de résister et, si depuis elle n'a pas réussi, du moins elle a sauvé son honneur.

Aujourd'hui qu'elle s'avoue vaincue, elle n'a plus, saignant encore par d'innombrables blessures, qu'à demander son salut à l'effusion et à la virilité des principes auxquels elle a fait retour.

Les peuples n'ont désormais rien à craindre d'elle. C'est à la paix et au respect de leurs droits mutuels qu'à l'avenir elle les conviera. Mais elle entend prouver à l'Europe qu'elle existe encore, en dépit des prophètes sinistres qui, parlant au nom des classifications de race, disent que, latine d'origine, la France va mourir entre l'Espagne qui se débat et l'Italie qui ne saurait vivre.

Ces théoriciens se trompent, nous osons l'espérer ; la France ne périra pas ; mais, vaincue, elle cherchera son avenir dans des voies nouvelles et n'aura plus qu'une seule ambition, celle d'unir dans une alliance féconde, l'ordre, le progrès et la liberté, et de rayonner sur l'Europe entière par la pacifique expansion du libre génie qui fut jadis le sien, et qui lui valait alors l'ardente sympathie des peuples.

H. BELLAMY.

Angoulême, 25 février 1871.